15.-

Max Bolliger

Der goldene Fisch

Zehn Märchen

Mit Illustrationen von Štěpán Zavřel

BOHEM PRESS

Inhalt

Der goldene Fisch	*7*
Der Spiegel	*13*
Ein Angsthase	*19*
Die versteinerte Prinzessin	*25*
Eine Zwergengeschichte	*33*
Der Turm	*41*
Der bunte Vogel	*47*
Der goldene Käfig	*53*
Der Wunsch des Hirten	*57*
Der Bettler	*63*

Der goldene Fisch

*In einem schönen,
von Gott erschaffenen Garten,
lebten einmal
ein Mann und eine Frau.
Gott hatte ihnen
die Pflege der Pflanzen
und Bäume anvertraut,
die Sorge zu den Fischen,
den Vögeln und den Landtieren.*

*Dafür schenkte der Garten
dem Mann und der Frau alles,
was sie zum Leben brauchten,
Nahrung und frisches Wasser,
den Tag und die Nacht,
den Lauf der Sonne,
den Wechsel des Mondes,
den Stand der Sterne,
die Jahreszeiten:
den Frühling, den Sommer,
den Herbst und den Winter.*

*Eines Tages entdeckten
der Mann und die Frau
in einem Fluß
einen Fisch.
Er besaß goldene Schuppen.
Aber als sie ihn fangen wollten,
entwischte er ihren Händen
und schwamm davon.*

*Der goldene Fisch
ließ dem Mann und der Frau
keine Ruhe mehr.
Sie fingen ihn an
zu suchen,
und ihre Wege trennten sich.*

*Der Mann ging dem rechten,
die Frau dem linken Ufer entlang.
Beide hofften,
dem andern
mit dem Fang
zuvorzukommen.*

*Der Wunsch,
den goldenen Fisch zu besitzen,
beherrschte alle ihre Gedanken.
So kam es,
daß sie den ihnen anvertrauten Garten
mehr und mehr vergaßen,
die Pflege der Pflanzen und Bäume,
die Sorge um die Fische,
die Vögel und die Landtiere.*

*Die großen Pflanzen
zerstörten die kleinen,
und die starken Tiere
töteten die schwachen.
Von den vielerlei Arten
der Pflanzen und Bäume,
der Fische, der Vögel
und der Landtiere
wurden immer weniger.*

*Und eines Morgens,
als der Mann und die Frau
aufwachten,
war der Garten verödet
und der Fluß ohne Wasser.
Erschrocken machten sie sich auf
um nach seiner Quelle zu suchen.*

*Dort trafen sie sich
nach vielen Tagen und Nächten.
Die Quelle war ausgetrocknet
und auf ihrem Grund
lag der goldene Fisch.*

Er war tot.

*Da schauten sich
der Mann und die Frau
in die Augen
und weinten zum erstenmal.
Sie wußten,
daß sie den ihnen anvertrauten Garten
für immer verloren hatten.*

*Auch Gott
trauerte um seinen Garten.
Aber als er sah,
wie der Mann und die Frau
niederknieten
um mit ihren Händen
nach einer neuen Quelle zu graben,
hatte er Erbarmen.
Und weil er wußte,
daß sie es allein*

*nie schaffen würden
einen neuen Garten zu bauen,
schenkte er ihnen Kinder
und den Kindern dieser Kinder
die Verantwortung.*

Der Spiegel

*Du hast sicher
schon von Prinzessinnen gehört,
denen kein Prinz
gut genug war,
um ihn zu heiraten.*

*Das Mädchen,
von dem ich hier erzähle,
war keine Prinzessin,
aber so schön,
daß viele Männer
sich um seine Gunst
bemühten,
unter ihnen
auch ein Dichter.*

*Doch das Mädchen
konnte sich für keinen
entscheiden.
Der eine war ihm zu klein,
der andere zu groß,
einer zu dünn oder zu dick,
einer zu klug oder zu dumm.*

*Die Eltern des Mädchens
machten sich Sorgen.
Sie waren alt
und fürchteten,
ihr Kind
würde eines Tages
allein auf dieser Welt
zurückbleiben*

*und seinen Stolz
bitter bereuen.*

*Endlich gab das Mädchen
dem Bitten und Drängen
von Vater und Mutter nach
und sagte:
Ich werde den heiraten,
der mir
das schönste Geschenk bringt.*

*Da kamen viele
und versuchten
das Herz des Mädchens
mit einer besonderen Gabe
für sich zu gewinnen.*

*Ein Goldschmied brachte ihm
einen selbst gefertigten Ring.*

*Ein Sattler brachte ihm
einen selbst verzierten Gürtel.*

*Ein Schuhmacher brachte ihm
ein Paar selbst geschnittene Schuhe.*

*Ein Schneider brachte ihm
ein selbst genähtes Kleid.*

*Ein Kaufmann brachte ihm
ein selbst verdientes Goldstück.*

*Aber als das Mädchen
die vielen schöne Dinge*

*bewunderte
und sich damit schmückte,
konnte es sich
weder für das eine
noch für das andere
entscheiden.
Einmal gefiel ihm das Kleid
am besten,
dann wieder der Ring,
der Gürtel, die Schuhe
oder das Goldstück.*

*Da kam der Dichter
und brachte ihm
einen Spiegel.
In diesem Spiegel,
sagte er,
wirst du eine Geschichte
finden.*

*Da stellte sich das Mädchen,
angetan
mit dem Ring des Goldschmieds,
mit dem Gürtel des Sattlers,
mit den Schuhen des Schuhmachers,
mit dem Kleid des Schneiders
und mit dem Goldstück des Kaufmanns
vor den Spiegel des Dichters.*

*Es erschrak,
denn im Spiegel
sah es einen Ring,
einen Gürtel,
ein Paar Schuhe,*

*ein Kleid
und ein Goldstück.
Die Schönheit aber,
auf die es so stolz war,
suchte es vergeblich.*

*Un wo bin ich?
fragte es verzweifelt.
Es streifte den Ring vom Finger,
löste den Gürtel,
zog die Schuhe aus,
entledigte sich des Kleides
und legte das Goldstück weg.*

*Und da zeigte ihm der Spiegel
einen nackten Menschen
und erzählte ihm
mit diesem Bild
seine eigene Geschichte,
die Geschichte
seiner Vergänglichkeit.*

*Da gab das Mädchen
alle andern Dinge zurück,
behielt den Spiegel
und heiratete den Dichter.*

Ein Angsthase

*Es war einmal
ein kleiner Junge,
der große Angst hatte.
Er fürchtete sich nicht nur
vor der Dunkelheit,
vor Gewittern
und bellenden Hunden,
vor allem fürchtete er sich
vor den Menschen.*

*Er wagte niemandem
zu widersprechen
und sich mit
niemandem zu prügeln.
Wenn jemand
das Wort an ihn richtete,
zuckte er zusammen
und machte ein Gesicht,
daß alle über ihn lachten
und ihn einen
Angsthasen nannten.*

*Darum suchte er
überall nach Höhlen,
in die er sich
verkriechen konnte.
Dort dachte er sich
Geschichten aus:
Er besiegte einen Drachen,
kämpfte gegen einen Löwen
und erlöste
eine schöne Prinzessin.*

*Aber je größer er wurde,
umso weniger Höhlen fand er,
um sich darin zu verstecken.*

*Darum erwarb er sich
eine schwere Rüstung
und ein scharfes Schwert.*

*Da merkte er,
daß die Menschen,
die er fürchtete,
einen weiten Bogen
um ihn machten
und Angst vor ihm hatten.*

*Doch eines Tages
begegnete er der Prinzessin,
die er als kleiner Junge
erlöst hatte.
Er war glücklich.
Sicher würde sie
ihn wiedererkennen.*

*Aber als er auf sie zuging,
wich sie zurück.
Und als er sie verfolgte,
verkroch sie sich
in eine Höhle,
deren Eingang so niedrig war,
daß er nicht hineingelangen konnte.*

*Komm heraus!
rief er.*

*Ich bin der,
der dich erlöst hat.*

*Ich erkenne dich nicht,
und ich habe Angst vor dir,
rief sie zurück.*

*Da legte er
sein Schwert zur Seite
und rief zum zweitenmal:
Komm heraus!
Ich bin der,
der dich erlöst hat.*

*Ich erkenne dich nicht,
und ich habe Angst vor dir,
rief sie zurück.*

*Da zog er
die Rüstung aus
und rief zum drittenmal:
Komm heraus!
Ich bin der,
der dich erlöst hat.*

*Da kam sie aus der Höhle heraus
und erkannte
in seiner
Hilflosigkeit
den kleinen Jungen wieder.*

*Sie erlöste ihn
mit ihrer Liebe
von seiner großen Angst.*

*Und so brauchte er
in Zukunft
weder eine Rüstung
noch ein Schwert,
wenn er einem Menschen begegnete.

Aber hin und wieder
verkrochen sie sich
zusammen in eine Höhle,
weil sie so gerne hörte,
wie er als kleiner Junge
einen Drachen besiegt,
gegen einen Löwen gekämpft
und eine schöne Prinzessin
erlöst hatte.*

Die versteinerte Prinzessin

*Die Geschichte
der versteinerten Prinzessin
und dem Steinmetz,
der sie erlöste,
ist eine Geschichte,
die uns allen
auch hätte geschehen können.*

*Wie viele
sehnte sich die Prinzessin
nach einem Gefährten
und träumte
von einem Märchenprinzen.*

*Weil die Prinzessin
schön und klug war
und dazu in einem Schloß wohnte,
fehlte es nicht an Freiern.*

*Sie empfing sie,
mit der Krone auf dem Kopf,
in einem Saal
auf einem goldenen Thron.*

*Sie stellte jedem,
der sich um ihre Gunst bemühte
nur eine Frage:
WER BIN ICH?
Aber keiner vermochte ihr
eine richtige Antwort zu geben.*

*Aus Angst,
sich selbst zu verraten,
blieb sie unbeweglich
auf ihrem Thron sitzen.
Sie setzte
ein Lächeln auf ihre Lippen
und schwieg.*

*Die jungen Männer
wurden es bald müde,
sie zu bewundern
und dachten am Ende,
die Prinzessin
sei nichts anderes
als eine lebende Puppe.*

*Je mehr Freier
wieder davongingen,
umso öfter
träumte sie
von einem Märchenprinzen.
Und je länger sie auf ihn wartete,
umso weniger rührte sie sich.*

*Ohne daß sie es merkte,
wurden ihre Füße zu Stein,
dann auch die Beine,
dann der Körper,
dann die Arme und Hände
und zuletzt
auch das Lächeln
auf ihren Lippen.*

*Außer dem Vater
und der Mutter,*

*trauerte niemand um sie.
Der König und die Königin
stellten ihr versteinertes Kind
an den Rand
eines alten Brunnens
und weinten.*

*Aber als sie sahen,
daß sich Vögel
auf seine Schultern setzten,
Eichhörnchen an ihm emporkletterten
und Kinder
zu seinen Füßen spielten,
trösteten sie sich.*

*Nach einer Zeit
kam aus einem fernen Land
ein Steinmetz daher.
Er sehnte sich
nach einer Frau.
Doch seine Suche war bisher
vergeblich geblieben.*

*Müde und durstig
stieg er von seinem Pferd
und setzte sich an den Brunnen.
Da sah er die versteinerte Prinzessin
und erschrak.
Er konnte den Blick
nicht mehr von ihr wenden.
Er fuhr mit den Händen
über ihren Körper,
über ihr Haar,
über ihre Lippen*

*und fragte sie sogar
nach ihrem Namen.
Aber weder seine Worte
noch seine Zärtlichkeit
konnten sie lebendig machen.*

*Da ging er auf's Schloß
zum König und zur Königin
und bat sie,
ihm die Brunnenfigur
zu verkaufen.*

*Der König und die Königin
schüttelten den Kopf
und wollten ihm
die versteinerte Prinzessin
auch um alles Geld,
das der Steinmetz für sie bot,
nicht geben.*

*Da ließ sich der Steinmetz
am Brunnen nieder.
Weder Hitze noch Frost,
weder Schnee noch Regen
vermochten ihn zu vertreiben.
Je länger er
die versteinerte Prinzessin
betrachtete,
umso mehr
begehrte er sie.*

*Weil er sich nicht mehr
richtig ernährte
und auch keinen Schlaf mehr fand,*

*wurde er krank.
Der König und die Königin,
die ihn von einem Fenster aus
beobachteten,
fürchteten endlich
um sein Leben.*

*Sie empfanden Mitleid
und beschlossen
ihm die versteinerte Prinzessin
zu schenken,
ohne aber
ihr Geheimnis zu verraten.*

*Der Steinmetz lud die Brunnenfigur
auf einen Wagen,
spannte sein Pferd davor
und kehrte nach Hause zurück.
Er beschloß,
die versteinerte Prinzessin
in seiner Werkstatt
aufzustellen,
und die Suche nach einer Frau
aufzugeben.*

*Aber die versteinerte Prinzessin
war so schwer,
daß der Wagen unterwegs
zusammenbrach.
Die Prinzessin
rollte auf die Erde
und fiel in zwei Stücke.*

Der Steinmetz war traurig

*über das Unglück.
Doch nach einer Weile
flickte er den Wagen,
hob die beiden Stücke
der versteinerten Prinzessin auf,
fügte sie sorgfältig zusammen
und fuhr weiter.*

*Doch auf einmal spürte er,
daß das Gewicht auf seinem Wagen
immer leichter wurde.
Er drehte sich um
und erlebte,
wie die versteinerte Prinzessin
langsam zum Leben erwachte,
zuerst die Füße,
dann die Beine,
dann der Körper,
dann die Arme und Hände
und zuletzt
auch das Lächeln
auf ihren Lippen.*

*Als sie die Augen aufschlug
und seinem Blick begegnete,
fragte sie zum erstenmal
und voller Staunen:
WER BIST DU?
Und weil diese Frage,
die sie sich gegenseitig stellten,
schwer zu beantworten war,
und viel Zeit brauchte,
heirateten sie
und wurden glücklich.*

*Vor dem Schloß aber,
am Rand des alten Brunnens,
steht heute noch
eine steinerne Prinzessin,
an der die Eichhörnchen emporklettern
und zu deren Füßen
Kinder spielen.*

*Der Steinmetz hat sie
nach seiner lebendigen Frau
aus einem Stein
herausgemeißelt.*

Eine Zwergengeschichte

Es war einmal ein Zwerg.
Er war nicht besonders schön.
Er war nicht besonders häßlich.
Er war ein ganz gewöhnlicher Zwerg
und hieß Gustav.

Aber wie jeder Zwerg,
besaß Gustav etwas,
das nur ihm gehörte
und sonst niemandem.
Er besaß eine schöne Stimme.

Mit dieser Stimme
sang Gustav nicht nur die Lieder,
die er von den alten Zwergen gelernt hatte,
sondern er erfand auch neue dazu,
seine eigenen Lieder.

Seine ersten Zuhörer
waren Kinder seiner Nachbarn.
Mit der Zeit aber
kamen die Zwerge von weither,
nur um Gustav singen zu hören.
Sein Gesang machte sie froh.

Sie schenkten ihm dafür,
was er zum Leben brauchte:
frisches Wasser,
reife Nüsse,
zarte Wurzeln
und saftige Beeren,
hin und wieder

*sogar einen bunten Kieselstein,
den sie im Bachbett
für ihn gefunden hatten.*

Gustav war glücklich.

*Eines Tages aber kam ein Rabe
mit einem goldenen Ringlein am Fuß
dahergeflogen.
Auch er hatte von Gustavs Stimme gehört
und bat ihn um ein Lied.
Doch Gustav starrte gebannt
auf das goldene Ringlein
und dachte:
Hätte ich doch
noch ein goldenes Ringlein
zu meinem Glück.*

*Wenn du mir dein goldenes Ringlein gibst,
werde ich für dich singen,
sagte Gustav zu dem Raben.
Der Rabe streifte das Ringlein
von seinem Fuß
und schenkte es ihm.*

*Bald darauf kam eine Schlange
mit einem goldenen Krönlein auf dem Kopf
dahergekrochen.
Auch sie hatte von Gustavs Stimme gehört
und bat ihn um ein Lied.
Doch Gustav starrte gebannt
auf das goldene Krönlein
und dachte:
Hätte ich doch*

*noch ein goldenes Krönlein
zu meinem Glück.*

*Wenn du mir dein goldenes Krönlein gibst,
werde ich für dich singen,
sagte Gustav zu der Schlange.
Die Schlange nahm das Krönlein
von ihrem Kopf
und schenkte es ihm.*

*Zuletzt kam ein Frosch
in einem goldenen Kütschlein dahergefahren.
Auch er hatte von Gustavs Stimme gehört
und bat ihn um ein Lied.
Doch Gustav starrte gebannt
auf das goldene Kütschlein
und dachte:
Hätte ich doch
noch ein goldenes Kütschlein
zu meinem Glück.*

*Wenn du mir dein goldenes Kütschlein gibst,
werde ich für dich singen,
sagte Gustav zu dem Frosch.
Der Frosch stieg aus dem Kütschlein
und schenkte es ihm.*

Nun fuhr Gustav jeden Tag
mit dem goldenen Kütschlein aus,
um sein goldenes Krönlein
und sein goldenes Ringlein zu zeigen.
Er hatte keine Zeit mehr,
seine Stimme zu üben
und seine Lieder zu singen.

*Die Zwerge baten ihn vergeblich darum.
Er lachte sie aus,
und mit der Zeit blieben sie weg.
Auch seine ersten Zuhörer,
die Kinder seiner Nachbarn,
wagten sich nicht mehr in seine Nähe.*

Gustav war einsam.

*Da verlor er die Freude,
jeden Tag mit dem goldenen Kütschlein
auszufahren
und sein goldenes Krönlein
und sein goldenes Ringlein zu zeigen.
Er blieb zu Hause
und versuchte wieder zu singen.
Doch seine Stimme
hatte den Glanz verloren,
und die Lieder
wollten ihm nicht mehr einfallen.*

Gustav war traurig.

*Da machte er sich auf den Weg,
um seine Lieder wiederzufinden.
Er fuhr mit dem goldenen Kütschlein
über die Hügel und durch die Täler,
bis er endlich auf einem Baum
den Raben entdeckte.*

*Nimm das goldene Ringlein zurück!
Ich brauche es nicht,
sagte Gustav,
ich suche meine Lieder.*

Du wirst sie finden,
sagte der Rabe
und flog mit dem Ringlein davon.

Gustav fuhr weiter
über die Hügel und durch die Täler,
bis er endlich auf einem Stein
die Schlange entdeckte.

Nimm das goldene Krönlein zurück!
Ich brauche es nicht,
sagte Gustav,
ich suche meine Lieder.
Du wirst sie finden,
sagte die Schlange
und kroch mit dem Krönlein davon.

Gustav fuhr weiter
über die Hügel und durch die Täler,
bis er endlich auf einem Blatt
den Frosch entdeckte.

Nimm das goldene Kütschlein zurück!
Ich brauche es nicht,
sagte Gustav,
ich suche meine Lieder.
Du wirst sie finden,
sagte der Frosch
und fuhr mit dem Kütschlein davon.

Nun stand Gustav da,
ohne Ringlein, ohne Krönlein,
ohne Kütschlein
und ohne seine Lieder.

*Er sehnte sich nach Hause
zu den andern Zwergen zurück.*

*Zu Fuß machte er sich auf den Weg
über die Hügel und durch die Täler.
Er hatte Hunger,
er hatte Durst,
und seine Füße schmerzten.
Aber auf dem langen Weg
fand er mit jedem Schritt
nicht nur den Glanz seiner Stimme,
sondern auch die vergessenen Lieder wieder.*

*Als Gustav endlich nach Hause kam,
erwarteten ihn die Zwerge
mit allem,
was er brauchte:
mit frischem Wasser,
mit reifen Nüssen,
mit zarten Wurzeln
und saftigen Beeren,
sogar mit einem bunten Kieselstein,
den sie im Bachbett
für ihn gefunden hatten.*

*Und Gustav –
Gustav schenkte ihnen dafür
seine wiedergefundenen Lieder.*

Der Turm

*Ein Zwerg
fand eines Tages
tief unter der Erde
einen Edelstein.*

*Als er den Stein
ans Licht brachte,
fing er an zu strahlen.
Er war von einer Reinheit,
wie sie noch kein Zwerg
je erlebt hatte.
Wer sich
in seinen Anblick
vertiefte,
wurde glücklich.*

*Immer mehr Zwerge kamen,
um den Stein zu betrachten.
Aber der Zwerg,
der ihn gefunden hatte,
mißgönnte den andern
seinen Schatz.*

*Er versuchte ihn
zu verstecken,
im Unterholz des Waldes,
im dürren Laub
oder in einer verlassenen
Fuchshöhle.*

*Es half nichts.
Wo der Stein sich auch befand,*

*ging ein solches Leuchten
von ihm aus,
daß er immer wieder
entdeckt wurde.*

*Nach dem Gesetz gehört er mir,
sagte der Finder,
mir ganz allein.
Er begann vier Mauern
aufzurichten.
Aber je dicker und höher
der Turm wurde,
umso mehr fürchtete er,
der Stein könnte ihm
gestohlen werden.*

*Als der Bau fertig war,
zog er sich mit dem Stein
in den Turm zurück
und ließ sich kaum mehr blicken.*

*Doch die andern Zwerge
spähten durch die Türritzen
und durch die kleinen Fenster,
um wenigstens noch einen
winzigen Strahl zu erhaschen.*

*Da mauerte der Zwerg
auch den Eingang
und die kleinen Fenster zu.*

*Als er merkte,
daß er damit nicht nur den Stein,
sondern auch sich selbst*

*eingesperrt hatte,
war es zu spät.
Er versuchte Löcher
in die Mauer zu schlagen
und den Eingang wieder zu öffnen.
Aber der Mörtel war trocken geworden
und seine Mühe vergeblich.*

*Auch der Stein
hatte aufgehört zu leuchten.
Die Dunkelheit erfüllte
den Zwerg mit Angst.
Er fing an zu schreien
und um Hilfe zu rufen.
Niemand hörte ihn.
Die andern Zwerge
waren weggezogen
und wer an dem Turm
vorüberkam,
schlug einen weiten Bogen.*

*Tausend Jahre später,
hütete in der Nähe des Turmes
ein Kind wie du
seine Schafe.*

*Als es am Fuße
des halbverfallenen Turmes
vor einem Gewitter
Schutz suchte,
hörte es plötzlich
ein Wimmern und Stöhnen.
Es kam aus dem
Innern des Gemäuers.*

*Das Kind ging den Geräuschen nach.
Doch je mehr Steine
es zur Seite trug,
umso leiser
wurde der Hilferuf.
Und als der erste Lichtstrahl
ins Innere traf,
verstummte er.
Der Zwerg war erlöst.*

*In diesem Augenblick
fing auch der Edelstein
wieder an zu leuchten.
Das Kind hob ihn ans Licht.
Es vertiefte sich
in seinen Anblick
und wurde glücklich.
Dann eilte es mit den Schafen
nach Hause zurück,
um sein Glück mit den andern
zu teilen.*

Der bunte Vogel

*In einem großen Wald
lebten ein Riese
und ein Zwerg zusammen.
Sie waren sehr alt
und von allen Riesen und Zwergen
die letzten.*

*Jeder fühlte sich
auf seine Art einsam,
der eine laut,
und der andere leise,
aber beide
wünschten sich nichts so sehr,
als sich in eines jener Wesen
zu verwandeln,
die sich Menschen nannten.*

*Aber wenn du denkst,
der Riese und der Zwerg
hätten sich gegenseitig
getröstet,
dann irrst du dich.
Je älter sie wurden,
umso mehr fingen sie an
einander zu quälen
und sich das Leben
schwer zu machen.*

*Der Riese zeigte dem Zwerg
seine Riesenfäuste.
Er blies ihm seinen Atem ins Gesicht,
oder er stemmte ihn in die Luft,*

*setzte ihn auf den Gipfel einer Tanne
und sah lachend zu,
wie er mühsam
wieder hinunterkletterte.*

*Der Zwerg dagegen zeigte dem Riesen
seine Zwergenzunge.
Er verspottete ihn mit Worten,
oder er schlich ihn heimtückisch an,
zwickte ihn in die Waden
und sah lachend zu,
wie er vergeblich
nach dem Übeltäter suchte.*

*Aber trotzdem blieben sie
einer in des andern Nähe.
Sie brauchten einander,
weil sie sonst niemanden hatten,
den sie mit groben Fäusten ängstigen
oder mit einer bösen Zunge kränken konnten.
Die Tiere des Waldes
gingen den beiden
schon längst aus dem Weg.*

*Eines Tages fanden sie
einen winzigen Vogel.*

*Es war keine Amsel,
es war kein Specht,
und es war kein Eichelhäher.
Er war grau und unscheinbar,
ein Vogel ohne Namen.*

Er lag auf der Erde

*und schaute sie
mit seinen runden Augen
bittend an.
Sie hoben ihn auf
und bauten ihm ein Nest.
Sie gaben ihm zu essen
und gaben ihm zu trinken.
Und abwechslungsweise
wachten sie bei ihm,
um ihn vor seinen Feinden
zu schützen.*

*Der Zwerg staunte,
wie behutsam der Riese
mit seinen groben Fäusten
den Vogel zu streicheln vermochte.
Und der Riese staunte,
wie gut es dem Zwerg
mit seiner bösen Zunge gelang
den Vogel zu trösten.*

*Der Riese und der Zwerg
hatten mit der Pflege
des verwaisten Vogels
soviel zu tun,
daß sie vergaßen
sich gegenseitig zu quälen
und sich das Leben
schwer zu machen.*

*Der Vogel wurde dabei
von Tag zu Tag
ein wenig kräftiger.
Und als er anfing*

*seine Flügel zu strecken
sahen der Riese und der Zwerg
mit Verwunderung,
daß jede seiner Federn
eine andere Farbe bekam.*

*Und sie vertieften sich
so sehr in den Anblick
der bunten Federn,
daß sie gar nicht merkten,
wie nicht nur der Vogel,
sondern auch sie selbst
sich verwandelten.
Der Riese wurde
kleiner und kleiner,
der Zwerg aber
größer und größer.*

*Erst als sie sich
auf gleicher Höhe
gegenüberstanden
und sich zum erstenmal
richtig in die Augen sahen,
hörte der Riese auf zu schrumpfen,
und der Zwerg hörte auf
zu wachsen.
Ihr Wunsch war
in Erfüllung gegangen.
Sie waren
zum Menschen geworden.*

*In dem Augenblick aber
spannte der Vogel
seine Flügel aus,*

*erhob sich aus dem Nest,
flog in den Himmel hinauf
und kam nie mehr wieder.*

*Nur wenn die beiden
in Versuchung kamen
die Fäuste zu ballen
oder die Zunge herauszustrecken,
flog über ihren Köpfen
ein bunter Vogel vorbei
und erinnerte sie
an ihre alte Haut.*

Der goldene Käfig

*Es war einmal
eine schöne Prinzessin.
Sie wohnte in einem Schloß
von einem Garten umgeben,
voll mit seltenen Blumen,
alten Bäumen,
stillen Teichen
und Wasserspielen.*

*Eines Abends entdeckte sie
im Tulpenbaum
einen bunten Vogel.
Seine Federn leuchteten
in allen Farben
des Regenbogens.*

*Es war ein Vogel,
wie die Prinzessin
noch nie einen
gesehen hatte,
ein Vogel ohne Namen.*

*Aber als sie sich ihm
zu nähern versuchte,
flog er davon.*

*Am folgenden Abend
kam der Vogel wieder,
setzte sich in den Tulpenbaum
und sang sein Lied.*

*Das ist,
was meinem Garten fehlt,
dachte die Prinzessin,
der bunte Vogel!
Ich will ihn haben!*

*Sie knüpfte
aus ihren Haaren
ein feines Netz.
Und am dritten Abend
fing sie ihn damit
und sperrte ihn
in einen goldenen Käfig.*

*Nun habe ich alles,
was ich mir wünsche,
sagte sie,
ein Schloß
von einem Garten umgeben,
voll mit seltenen Blumen,
alten Bäumen,
stillen Teichen,
Wasserspielen
und den bunten Vogel.*

*Doch am andern Morgen,
als die Prinzessin aufstand
um sich an ihrem Besitz zu freuen,
fand sie im goldenen Käfig nichts
als einen unscheinbaren Vogel
und eine kleine bunte Feder.*

*Wie du einer bist,
gibt es tausende,*

*sagte die Prinzessin enttäuscht,
du bist nicht der Vogel,
den ich gefangen habe.
Sie öffnete den Käfig
und ließ ihn frei.*

*Kaum aber hatte
der unscheinbare Vogel
sich in die Luft erhoben,
sah die Prinzessin staunend,
wie sich sein Federkleid
mit jedem Flügelschlag veränderte,
bis es in allen Farben des Regenbogens
leuchtete.*

*Ungeduldig erwartete
die Prinzessin den Abend,
doch der Tulpenbaum blieb leer,
und der bunte Vogel
kam nie mehr wieder.*

Der Wunsch des Hirten

*Es war einmal ein Hirte,
der außer einigen Schafen
nichts besaß
als eine Flöte,
die er sich aus dem Ast
eines Holunderbaumes
geschnitzt hatte.*

*Es verging kein Tag
ohne daß er nicht
darauf spielte,
manchmal laut,
manchmal leise,
manchmal fröhlich,
manchmal traurig,
je nachdem
wie es ihm zumute war.*

*Wenn er seine Lieder spielte,
erfüllte ihn der Wunsch
nach etwas Vollkommenem.
Und die Hoffnung,
es zu finden,
schenkte ihm neue Melodien.*

*Eines Tages,
als er wieder
auf seiner Flöte spielte,
entdeckte er einen Vogel.
Er saß auf dem Holunderbaum
und hörte ihm zu.*

*Sein Federkleid
leuchtete in allen Farben
des Regenbogens.*

*Oh, dachte der Hirte
erschrocken,
da ist es endlich,
das Vollkommene,
nach dem ich mich sehne.*

*Er schlich sich
an den Holunderbaum heran
um den Vogel zu fangen.
Doch als er ihn
mit den Händen fassen wollte,
erhob sich der Vogel
in die Luft
und flog ins Geäst
einer Tanne.*

*Der Wunsch des Hirten,
den Vogel zu besitzen,
war so groß,
daß er beschloß
ihm zu folgen.*

*Aber als der Hirte
zu der Tanne kam,
erhob sich der Vogel
in die Luft
und flog davon.*

*An seiner Stelle
fand der Hirte*

*eine von einer Katze
bedrohte Amsel.*

*Kaum hatte der Hirte
die Katze vertrieben,
entdeckte er den Vogel
am Rande eines Weihers.*

*Aber als der Hirte
zu dem Weiher kam,
erhob sich der Vogel
in die Luft
und flog davon.*

*An seiner Stelle
fand der Hirte
einen im Netz
gefangenen Fisch,
der ihn um Hilfe bat.*

*Kaum hatte der Hirte
den Fisch befreit,
entdeckte er den Vogel
auf der Kuppe eines Hügels.*

*Aber als der Hirte
zu dem Hügel kam,
erhob sich der Vogel
in die Luft
und flog davon.*

*An seiner Stelle
fand der Hirte
eine von der Hitze*

*verdorrte Blume,
die ihn um Hilfe bat.*

*Kaum hatte der Hirte
die Blume bewässert,
entdeckte er den Vogel
am Ufer des Meeres.*

*Aber als der Hirte
ans Ufer des Meeres kam,
erhob sich der Vogel
in die Luft
und flog übers Wasser
der untergehenden Sonne zu.*

*Ach, dachte der Hirte,
der Vogel hat mich
zum Narren gehalten.*

*Enttäuscht machte er sich
auf den Rückweg
nach Hause
zu seinen Schafen.*

*Aber als er
auf den Hügel kam,
öffnete sich vor seinen Augen
eine wunderbare Blume.
Am Weiher erwartete ihn ein Fisch,
der sich seines Lebens freute.
Und auf der Tanne
grüßte ihn eine Amsel
mit ihrem Lied.*

*Und da wußte der Hirte,
daß es einen Sinn hatte,
sich bis ans Ende seiner Tage
nach Vollkommenheit zu sehnen,
auch wenn sie sich nie
mit den Händen fassen ließ.*

Der Bettler

*Es war einmal ein alter König,
der viele wunderbare Schätze,
aber keine Nachkommen besaß.*

*Als er nun spürte,
daß auch er sterben würde,
suchte er nach einem Erben.*

*Doch wie sollte er
den richtigen finden?
Nach langem Nachdenken
ließ er verkünden:
Wer dem König etwas bringt,
was er nicht schon besitzt,
soll sein Erbe sein!*

*Da kamen von weither
die Handwerker und Künstler
und brachten ihm
Kleider aus Samt und Seide,
Edelsteine in allen Farben,
Schmuck aus Gold und Silber,
Schnitzwerk aus Elfenbein,
Tiere aus fremden Erdteilen,
seltene Blumen und Bäume.*

*Doch es war nichts darunter,
was der König nicht schon besaß,
und er schickte alle
wieder nach Hause.*

Da lief zuletzt ein Bettler daher

*und brachte dem König ein Totenhemd.
Der König erschrak.
Der Bettler hatte
die Aufgabe gelöst.
Aber der König war nicht bereit,
seine wunderbaren Schätze
einem Bettler zu hinterlassen.
Darum jagte er ihn davon.*

*Wieder dachte er lange nach.
Dann ließ er verkünden:
Wer dem König etwas erzählt,
was nicht schon in seinen Büchern steht,
soll sein Erbe sein!*

*Da kamen von weither
die Gelehrten und Dichter
und erzählten ihm
von Menschen in fernen Ländern,
vom Lauf der Gestirne,
von großen Erfindungen,
aber auch von den Dingen
zwischen Himmel und Erde,
die nicht zu begreifen sind.*

*Doch es war nichts dabei,
was nicht schon in seinen Büchern
zu lesen stand,
und er schickte alle
wieder nach Hause.*

*Da lief der gleiche Bettler daher
und sagte:
Was in keinem deiner Bücher steht,*

ist die Stunde deines Todes.

*Der König erschrak zum zweitenmal.
Wieder hatte der Bettler
die Aufgabe gelöst.
Doch der König war
immer noch nicht bereit,
seine wunderbaren Schätze
einem Bettler zu hinterlassen.
Darum jagte er ihn davon.*

*Nun dachte der König
nur noch an das,
was in keinem seiner Bücher
zu lesen stand,
und er ließ verkünden:
Wer dem König
die Stunde seines Todes
voraussagen kann,
soll sein Erbe sein!*

*Da kamen von weither
die Sterndeuter und Wahrsager.
Aber weil keiner
die Aufgabe zu lösen vermochte,
versuchten sie sich
mit Andeutungen
und leeren Sprüchen
herauszureden.*

*Doch der König durchschaute sie
und schickte alle
wieder nach Hause.*

*Er sehnte sich nach dem Bettler.
Und als er dahergelaufen kam,
begrüßte er ihn
wie einen Freund.
Wenn du die Antwort
auf meine Frage weißt,
will ich mein Versprechen halten
und dich zu meinem Erben machen.*

*Der Bettler
begann seine Kleider
auszuziehen und sagte:
Wie die deinen,
sind sie nur geliehen.
Ich brauche deine Schätze nicht.*

*Da erschrak der König
zum drittenmal.
Unter den Kleidern des Bettlers
erkannte er den Tod.*

*Aber bevor der Tod
den König mit sich nahm,
verteilte er
seine wunderbaren Schätze
unter die Bettler.*

*«Eine Zwergengeschichte»
ist als gleichnamiges Bilderbuch,
illustriert von Peter Sís,
ebenfalls bei «bohem press» erschienen.*

©1984 by bohem press – Zürich
Alle Rechte vorbehalten
Satz: Satz-Studio C AG – Glattbrugg/ZH
Druck: Grafiche AZ – Verona
ISBN 3-85581-170-9